Konstanz von Osten, Kupferstich von Matthäus Merian 1633

Konstanz gestern und heute

In frühen Zeiten galt Konstanz als idealer Verkehrsknotenpunkt, an dem sich die Wege den Rhein hinauf nach Nordeuropa und über die Alpen nach Italien mit der Ost-West-Route nach Ulm kreuzten. Heute gelangt man schneller in die Schweizer Großstädte, als umgekehrt in die deutschen Metropolen. Auf dem höchsten Punkt des vom Flachwasser umgebenen Münsterhügels siedelten sich zwischen 100 und 50 v. Chr. Kelten an. Später verschanzten sich hier römische Truppen, die das Gebiet gegen alemannische Stämme verteidigten. Seit etwa dem 6. Jahrhundert nannte man den Ort »Constantia«, und ein Bistum etablierte sich, noch abhängig von den Klöstern St. Gallen und Reichenau. Den drei bedeutenden Bischöfen Salomo III., Konrad I. und Gebhard II. gelang es ab dem 10. Jahrhundert, das Bistum zu einem bedeutenden Machtfaktor zu machen, was natürlich auch Einfluss auf die Stadtgesellschaft hatte. Immer wieder kam es zu Spannungen, denn zusätzlich hatten auch Könige und Kaiser ein Wörtchen mitzureden. Der Staufer-König Heinrich VI. verlieh Konstanz 1192 die »libertas«, also die Freiheit von neuen bischöflichen Steuern, und nach und nach gingen viele Rechte, so etwa die hohe Gerichtsbarkeit, auf die Stadt über.

Konrad I.
Um 900–975, Bischof von Konstanz 934–975. Er erhielt im Konstanzer Domkapitel seine Ausbildung und wurde 934 zum Bischof gewählt. Er war beteiligt an der Romfahrt und Kaiserkrönung Ottos I. im Jahr 962. Weitere Reisen nach Rom und Jerusalem dienten der Reliquienerbringung. Mit der Errichtung der Mauritiusrotunde im Konstanzer Münster schuf er ein erstes reales Pilgerziel in Konstanz. 1123 fand seine Heiligsprechung statt, sein Gedenktag ist am 26. November. Konrad ist Patron des Erzbistums Freiburg.

Gesamtansicht von Norden, 1840

Reformation in Konstanz
Vieles kam zusammen, um ab 1519 erste reformatorische Anklänge in Konstanz vernehmen zu können. In diesem Jahr wütete eine Pestepidemie. Ratsherren, Domkapitel, Bischof und viele Geistliche flohen aus der Stadt. Der zweite Anstoß war ein Ablass zugunsten der 1511 abgebrannten Münstertürme. Zunächst ein Drittel, dann gar die Hälfte des eingenommenen Geldes forderte der Papst für sich und transferierte es mithilfe der Familie Fugger nach Rom. Die Empörung war groß und fand Widerhall in den Predigten in St. Stephan und wenig später auch im Münster.

Von 1414 bis 1418 wurde Konstanz Schauplatz des europaweit beachteten 16. Ökumenischen Konzils. Floss zu der Zeit noch eine Menge Geld in die Stadt, so waren die Jahre danach geprägt von Not und sozialen Unruhen – Sündenböcke waren auch hier, wie im ganzen Reich, die Juden, die 1433 endgültig aus Konstanz gewiesen wurden.

Die **Reformation** verlief in Konstanz zunächst gemächlich. Der Rat verhielt sich abwartend, ließ aber lutherische Predigten in den Kirchen zu. Erst mit dem Reichstag in Speyer, 1526, der den Reichsständen das Recht zur Reformation zugestand, setzte obrigkeitliche Betriebsamkeit ein. Der Bischof verließ Konstanz, den Kirchenschatz jedoch konnte die Stadt für sich retten. Ein Bund mit den reformierten eidgenössischen Städten Zürich und Bern und die direkte Einflussnahme Zwinglis hatten einen »geordneten« Bildersturm zur Folge. Doch selbst der Beitritt zum protestantischen Schmalkaldischen Bund konnte die Niederlage gegen die spanischen Truppen Kaiser Karls V. nicht verhindern, Konstanz geriet unter habsburgische Herrschaft und fristete bis 1806 ein Dasein als österreichische Landstadt. Dabei hatte die Rekatholisierung enorme Auswirkungen auf das kulturelle Leben der Stadt. Die sich wieder etablierenden katholischen Institutionen zogen viele Künstler an, die in Konstanz Kirchen, Schulen und Verwaltungsgebäude errichteten und ausgestalteten.

Die Einwohnerzahl, die zu Beginn des 17. Jahrhunderts noch bei 5500 gelegen hatte, sank stetig. Um die Stadt, die den Habsburgern immer als ein Bollwerk gegen die Expansionsbestrebungen der benachbarten Eidgenossen gegolten hatte, am Leben zu erhalten, siedelte der Reformkaiser Joseph II. 1785 zunächst französische Exilanten aus Genf an. Ihnen folgten nach der Französischen Revolution etwa 2000 weitere Exilanten, Adelige, Militärs und Geistliche, die der Stadt ein französisches Flair verliehen. Trotzdem lauteten die Beschreibungen durchreisender Gelehrter und Dichter ähnlich, die Konstanz öde und verwahrlost, von mangelnder Wirtschaftskraft und verlotterter Verwaltung vorfanden.

Am 27. März 1806 fiel die Stadt an das neugegründete Großherzogtum Baden. Das Badische Landrecht wurde eingeführt, ebenso ein modernes Steuerrecht – in dem jeder Bürger sein Vermögen selbst einzuschätzen hatte! – und eine effizientere Verwaltung. Parallel dazu entledigte man sich seines mittelalterlichen Erbes. Nicht nur löste man das altehrwürdige Bistum auf, auch viele Kirchen und kirchliche Gebäude wurden abgerissen oder

Konzilgebäude, um 1895

Postamt und Marktstätte, um 1900

Fritz Arnold
1883–1950, Bürgermeister von Konstanz. Am heutigen Alexander-von-Humboldt-Gymnasium legte Arnold sein Abitur ab und studierte Ingenieurswissenschaften an den Technischen Hochschulen in Zürich, Konstanz und Karlsruhe. Nach dem Ersten Weltkrieg wurde er Mitglied der SPD und begann im Konstanzer Stadtrat zu arbeiten. Seit 1919 war er 2. Bürgermeister der Stadt und somit für die Verkehrsplanung zuständig. Unter seiner Ägide kam es auch zu einem Ausbau des städtischen Omnibusnetzes. Die Stadtbusse werden deshalb noch heute »Roter Arnold« genannt.

fortan profan genutzt. Im letzten Drittel des 19. Jahrhunderts war die Industrialisierung auch in Konstanz nicht aufzuhalten. Die Stadt wurde an das Eisenbahnnetz angeschlossen, der Fremdenverkehr erlebte einen ungeahnten Aufschwung, es wurde überall gebaut, Gas und Strom machten die Stadt heller. Dieser Entwicklung setzte der Erste Weltkrieg ein Ende – die Grenzstadt wurde isoliert und von einem Sicherheitskordon umgeben. Auch nach 1918 rissen die Krisen nicht ab, der Inflation folgte die Weltwirtschaftskrise. Immerhin gelang es dem 2. Bürgermeister **Fritz Arnold**, einige wichtige Projekte gegen den Widerstand selbst der Konstanzer Geschäftsleute durchzusetzen. Dazu gehörten das städtische Busnetz und die Eröffnung einer regelmäßigen Fährverbindung nach Meersburg.

Zur Zeit des Nationalsozialismus gewann die Lage der Stadt an der Schweizer Grenze eine besondere Brisanz. Noch bis 1938 war für Juden eine Flucht aus Deutschland möglich – wenn es denn glückte und man nicht von den Kantonsbehörden im Thurgau wieder ausgeliefert wurde. Aber 1939 errichteten zunächst die Schweizer Behörden einen Grenzzaun, im Winter 1939/40 zogen die deutschen Behörden nach. Diese nun unüberwindliche Grenze wurde nicht nur dem Hitler-Attentäter Georg

Elser zum Verhängnis. Von Luftangriffen ist Konstanz verschont geblieben und hat daher den Zweiten Weltkrieg gänzlich unzerstört überstanden. Das lag zum einen an der Nähe zur Schweiz, andererseits galten die Vorschriften zur Verdunkelung nicht, denn so konnte man den Bomberpiloten vortäuschen, schon Schweizer Territorium unter sich zu haben. Am 26. April 1945 wurde die Stadt kampflos an französische Truppen übergeben.

Zum großen Aufschwung in Konstanz kam es in den 1960er Jahren. Besonders das historische Zentrum wurde vielerorts restauriert bzw. modernisiert – wobei freilich auch Bausünden wie der Abriss des Quartiers zwischen Rosgarten- und Hussenstraße für das neue Kaufhaus Hertie zu beklagen sind. Eine der bedeutendsten Neuerungen war 1966 die Gründung der Universität.

Heute präsentiert sich Konstanz als weltoffene Stadt und ist ein beliebtes Ziel für Touristen sowie ein Einkaufsparadies für Schweizer Sparfüchse. Wenn nicht gerade die Grenze zur Schweiz aus gesundheitspolitischen Gründen geschlossen ist, wie 2020 für bald drei Monate, kann man beinahe vergessen, dass die Stadt national und geografisch so weit am Rande liegt. Das schlägt sich auch in den Einwohnerzahlen nieder. So leben heute auf den etwa 54 km² mehr als 87 000 Einwohner.

Erdbeben in Konstanz

Am 16. November 1911 erschütterte ein Erdbeben Konstanz. Abends um 22.30 Uhr, im Theater ging gerade eine Vorstellung von Jean Gilberts »Polnische Wirtschaft« zu Ende, brach nach einem vier Sekunden währenden heftigen Erdstoß Panik unter den Zuschauern aus. Menschen kamen dabei nicht zu Schaden, aber viele Gebäude wurden in Mitleidenschaft gezogen. Vom Reichspostgebäude stürzten Giebelfiguren herab, die Turmspitze des Münsters war geköpft und das Kreuz von der Lutherkirche gestürzt. Selbst die Uhren sollen stehengeblieben sein.

Gesamtansicht von Konstanz mit Zeppelin-Luftschiff, um 1900

1 | Bahnhof

Tourist-Information Tel. 07531 13 30 32, www.konstanz-info.com

Seit 1863 bringt die Eisenbahn Gäste aus dem deutschen Raum in die Bodensee- und Grenzstadt Konstanz, acht Jahre später erfolgte der Anschluss an die Schweizerische Nordostbahn. Zum Schaden der freien Sicht auf den See musste man die Trasse am Bodenseeufer verlaufen lassen, da der weiche Untergrund am Rheinufer die damaligen technischen Möglichkeiten überstieg. Der parallel zum Ufer liegende, knapp 100 Meter lange Bahnhof stellt eine Mischung aus Neogotik und Renaissance dar. Der Architekt Heinrich Leonhardt begann 1858 mit dem Bau, der dem Vorbild des Palazzo Vecchio in Florenz folgt. Sehenswert sind der 42,5 Meter hohe Campanile, dessen Glocken in den Anfangszeiten der Eisenbahn die Züge ankündigten, und die sanierte Holzkastendecke im Empfangsgebäude. Heute findet man hier neben Gaststätten, Cafés und Geschäften auch die Tourist-Information der Stadt Konstanz. Nach umfangreichen Modernisierungen des Bahnhofes wird auch der Vorplatz in den nächsten Jahren neugestaltet.

Übergang vom Bodensee in den Seerhein

2 | Bodensee

Er besteht aus dem Obersee mit 473 km² und dem Untersee mit 63 km², die durch den Seerhein verbunden sind. Sein Volumen beträgt 48 km³. Sein Name leitet sich von dem Dorf Bodman ab, einem alemannischen Herzogssitz im Mittelalter. Im Französischen heißt er »Le Lac de Constance«, im Englischen »Lake Constance«. In ihm liegen zehn Inseln. Die größten Inseln im Obersee sind Mainau und Lindau, im Untersee Reichenau. Der Hauptzufluss des Obersees ist der Alpenrhein, der Abfluss der Seerhein bei Konstanz. Der See entstand während der Würm-Kaltzeit aus dem Rheingletscher. Nach kühlen Sommern, anhaltenden Ostwinden und sehr kalten Herbsten und Wintern in Folge kann der Bodensee vollständig zufrieren. Im Bodenseealemannisch nennt man das **Seegfrörne**.

Die erste **Seegfrörne** ist für 875 verzeichnet, 1963 die letzte. Dann können Menschen und oft sogar Fahrzeuge den Bodensee überqueren. Seit dem 16. Jahrhundert wird bei der Seegfrörne eine traditionelle Eisprozession durchgeführt: eine Büste des Apostels Johannes wird entweder vom badischen Hagnau über den See zum Schweizerischen Kloster Münsterlingen getragen oder zurück. So auch im Februar 1963, als eine große Menschenmenge in farbenfrohen Trachten und alpiner Ausrüstung die Johannes-Büste nach einem feierlichen Abschiedsgottesdienst über den See trug.

3 | Hafen

Die Schifffahrt auf dem Bodensee geht auf die Römer zurück, die eine Flotte unterhielten, um die Verbindung zwischen den Garnisonen zu gewährleisten, war doch

Konstanzer Seenachtfest
Bereits 1507 wurde in Konstanz das erste Feuerwerk abgebrannt, und zwar anlässlich des Reichstages zu Ehren König Maximilians. Auch im 19. Jahrhundert, als der Tourismus in Konstanz zu blühen begann, wollte man den Gästen mit bengalischem Feuer den Aufenthalt verschönern. Seit 1949 stellt das Seenachtfest Konstanz-Kreuzlingen den Höhepunkt der Sommersaison dar. Am jeweils zweiten August-Wochenende findet auf vier Festgeländen das Sommerfestival statt. Sein halbstündiges Feuerwerk, in jedem Jahr mit Spannung erwartet, ist eines der größten Seefeuerwerke Europas.

der Wasserweg der schnellste für Menschen und Güter. Der heutige Hafen wurde 1839–1842 angelegt und um 1890 nochmals ausgebaut. Er wird von Schiffen der deutschen, österreichischen und Schweizer Bundesbahn angelaufen, die auf alle Orte am Überlinger See, am Ober- und Untersee Kurs nehmen. Direkt vor dem Fahrkartenschalter der Schiffsbetriebe steht die 1906 errichtete historische Hafenuhr mit der im Mittelalter gebräuchlichen Schreibweise der IIII. anstelle der heute üblichen IV. Zu jeder vollen Stunde erklingt das Lied »Konstanz liegt am Bodensee« von Willi Hermann (1907–1977), gespielt von einem Glockenspiel der Karlsruher Glockengießerei Carl Metz GmbH.

Das erste Dampfschiff, die »Stephanie«, gebaut von Kaspar Bodmer in Konstanz, startete 1817. Aber es versagte schon auf der Jungfernfahrt, und die Fahrgäste mussten an Land rudern. Mit seinem Spottnamen »Steh fahr nie« lag es noch eine Weile im Rhein, bevor es abgewrackt wurde. 1934 ging der erste Raddampfer auf Fahrt. Seine Schaufelräder waren die einzige technische Möglichkeit, in den seichten Uferregionen vorwärts zu kommen. Aber er verfügte, wie auch alle folgenden Dampfer, zur Sicherheit über Masten, Segel und Ruder, denn man war vorsichtig geworden.

4 | Konzilgebäude

Restaurant »Konzil Konstanz« 11.30–22 Uhr

Das gewaltige Konzilgebäude wurde 1388 als Korn- und Lagerhaus für den Handel mit Italien errichtet und war später Sitz der Leinwandmesse. Während des Konstanzer Konzils, das der Gegenpapst Johannes XXIII. 1413 einberufen hatte und das von 1414 bis 1418 in der Stadt tagte, sollte mit Unterstützung von König Sigismund das beinahe vierzig Jahre währende Große Abendländische Schisma überwunden werden, in dessen Verlauf die römisch-katholische Kirche von drei miteinander konkurrierenden Päpsten regiert wurde – ein unhaltbarer und zudem sehr teurer Zustand. Darüber hinaus waren Glaubensfragen zu klären, womit in feiner Untertreibung gemeint war, dem Dogma widersprechende Lehren zu unterdrücken und zugleich dringende Reformen durchzusetzen. Neben Jan Hus, der sich in Konstanz einfand, um seine idealistische Überzeugung von der Kirche als einer Gemeinschaft der von Gott Auserwählten zu vertreten, reisten etwa 50 000 Vertreter der geistlichen und weltlichen Gewalt in das damals nur 5000 Einwohner zählende Städtchen.

Martin V.
1368–1431, eigtl. Oddo di Colonna, Papst. Nach dem Studium der Rechtswissenschaften in Perugia war Colonna ab 1405 Kardinalsdiakon von San Giorgio in Velabro. 1408 brach er mit der Zugehörigkeit zur römischen Fraktion. Er unterrichtete das Unionskonzil in Pisa und wurde 1417 in Konstanz zum allgemein anerkannten Papst gewählt, der das seit 1378 währende Schisma beendete. Programmgemäß rief er 1423 zum Konzil nach Pavia-Siena und 1431 zum Konzil nach Basel, das er aber nicht mehr erlebte.

Zum Zeichen der Einigung fand eine neue Papstwahl statt. 160 Kardinäle zählte das Konklave, das im damals »Kaufhaus« genannten Gebäude vom 8. bis 11. November 1417 tagte. Eigens für sie wurden in den beiden oberen Böden 56 Doppelzellen – durch Vorhänge abgetrennt – eingerichtet, pro Boden je ein »heimliches Gemach« (also eine Toilette) und im unteren Geschoss eine Kapelle. Während der Auszählung der Stimmen am 11. November sangen 150 Chorknaben ununterbrochen Hymnen, und Augenzeugen berichteten übereinstimmend von großer Rührung der Wähler. Alles bisher Trennende entfiel, und die italienischen, englischen, deutschen, endlich auch die französischen und spanischen Konkurrenten einigten sich auf den römischen Kardinal Oddo di Colonna, der sich als gewählter Papst den Namen Martin V. gab. Bis Ende des 19. Jahrhunderts diente das Gebäude wieder als Lagerhaus. Zuletzt wurde es 2010/12 unter Wahrung der historischen Bausubstanz saniert und steht mit seinen drei Festsälen für Konzerte, Tagungen und Ausstellungen zur Verfügung.

Ferdinand Graf von Zeppelin
1838–1917, Begründer des Starrluftschiffbaus. Der in Konstanz geborene Zeppelin begann bereits mit 17 Jahren eine Ausbildung an der Kriegsschule Ludwigsburg. Als Leutnant wurde er für ein Studium des Maschinenbaus und der Chemie beurlaubt, musste aber bei Ausbruch des österreichisch-italienischen Krieges zum Ingenieurskorps zurückkehren. 1863 erlebte er während der Sezessionskriege in Amerika seine erste Ballonfahrt. Ab 1890 baute Zeppelin sein erstes Luftschiff. 1900 kam es zu den ersten drei Aufstiegen über dem Bodensee. Mit der »Zeppelinspende« 1908 konnte der Grundstein für die Luftschiffbau Zeppelin GmbH in Friedrichshafen gelegt werden.

5 | Zeppelinsäule

Schon von Weitem erkennt man die 1930 von Karl Albiker nach dem Motiv »Wieland der Schmied« geschaffene Zeppelinsäule. Neben Kaiser Wilhelm II. war Graf Zeppelin der bekannteste Deutsche seiner Zeit. Der »Beherrscher der Lüfte« wurde zwar in Konstanz geboren, ließ seine Luftschiffe aber von Friedrichshafen aus aufsteigen – dort war einfach mehr Platz. Es mag den Betrachter verwundern, dass ihn Wieland eher an Daidalos erinnert. Aber auch Wieland schmiedete sich ein Federkleid, um, wie es die Thidrekssaga, eine nordische Sagensammlung des 13. Jahrhunderts, berichtet, trotz seiner im Kampf gelähmten Beine fliehen zu können.

6 | Historische Fähre »Konstanz«

Bis zum Ausbruch des Ersten Weltkriegs lag Konstanz inmitten der wirtschaftlich blühenden Bodensee-Region und galt als heimliche Einkaufsstadt der Schweizer. Das

endete 1914, und eine frostige Atmosphäre machte sich breit, die vor allem ab 1918 eine wirtschaftliche Isolation nach sich zog. Um dem entgegenzuarbeiten, griff der 2. Konstanzer Bürgermeister Fritz Arnold auf die alte Idee einer Automobil-Fährverbindung zum Nordufer des Bodensees zurück. Nach langen Diskussionen im Stadtrat konnte 1928 ohne große Feierlichkeiten der Betrieb der ersten deutschen Binnensee-Autofähre aufgenommen werden. Das erste Fährschiff »Konstanz«, mehrfach umgetauft, lag seit 1984 in Überlingen und war dem Verfall preisgegeben. Der Verein »Rettet die Meersburg ex Konstanz e. V.« gründete sich 1993 und machte das Schiff wieder flott. Seit 2011 verkehrt das Museumsschiff »Konstanz« regelmäßig zwischen Konstanz und Meersburg.

7 | Imperia-Statue

Die sich drehende Dame **»Imperia«** trägt in ihren Händen Papst und Kaiser und steht auf dem Sockel des ehemaligen Pegelturms an der Hafeneinfahrt, gegenüber dem malerischen Häuschen des Deutsch-Schweizerischen Motorbootklubs. Sie wurde in Beton gegossen, ist neun Meter hoch, wiegt 18 Tonnen, kostete 250 000 DM und dreht sich im Dreieinhalb-Minuten-Takt. Der Bildhauer Peter Lenk (siehe S. 38), bekannt, gefürchtet und geliebt für seine ironische Sicht auf die Dinge und Zeitläufte, hat hier einem wenig beachteten Erwerbszweig während des Konstanzer Konzils ein Denkmal gesetzt – über 1000 sogenannte Hübschlerinnen versüßten den geistlichen und weltlichen Herren die Zeit. Die Empörung über die schamlose Darstellung schlug 1993, als die Figur in einem großen Festakt enthüllt wurde, hohe Wellen in der Bürgerschaft. Gegen den erklärten Willen der Stadtratsmehrheit war sie in einer Nacht-und-Nebel-Aktion mit einer gecharterten Friedrichshafener Fähre nach Konstanz gebracht und daraufhin aufgestellt worden. Die Figur sei »geschmacklos und geeignet, den religiösen Frieden zu beeinträchtigen«, beschwerte sich das Erzbischöfliche Ordinariat in Freiburg, und Familien entzweiten sich im Streit über die als höchst bedrohlich empfundene »Zumutung«. Inzwischen hat sich die Aufregung gelegt, und die »Imperia« dreht sich unentwegt.

»Die schöne Imperia« heißt eine der »Tolldreisten Geschichten«, die Honoré de Balzac in den 1830er Jahren veröffentlichte: »Imperia war als die hoffärtigste und launischste Kurtisane auf Gottes Erdboden bekannt, galt aber auch als strahlendste Schönheit und für eine, die es am besten verstand, die Kardinäle um die Finger zu wickeln und die grobschlächtigsten Haudegen und Leuteschinder zu besänftigen. So war sie auch beliebt und von allen geachtet, wie die wirklichen Damen und echten Prinzessinnen, und man nannte sie Madame.«

8 | Stadtgarten

1879 brach man in Konstanz die mittelalterlichen Mauern und Türme ab. Die Trümmer wurden nördlich des Bahnhofs aufgeschüttet, und die Fläche wurde zu einem Park gestaltet, der am Seeufer von niedrig gestutzten Platanen eingerahmt wird. Ebenso benutzte man Material, das beim Aushub des Hafens entstand. Unmittelbar neben dem Trubel an der Hafeneinfahrt gelegen, ist der Stadtgarten ein Ort der Ruhe. Unter den hohen Bäumen findet man eine Büste Wilhelms I. und ein Denkmal, das an den Königlichen Musikdirektor Konstantin Handloser (1846–1905) erinnert, unter dessen Leitung sich die Regimentsmusik des »114er«, des 6. Badischen Infanterie-Regiments »Kaiser Friedrich III.«, in ein respektables Orchester wandelte und damit Vorgänger der heutigen Südwestdeutschen Philharmonie Konstanz wurde. Im Sommer finden in der Konzertmuschel die Stadtgartenkonzerte statt. Beinahe unverzichtbar ist ein Besuch in »Rosie's Pavillon am See« (tgl. 12–22 Uhr), einem Freisitz-Imbiss mit einer hinreißenden Aussicht auf den See. Die Speisen sind einfach, aber die Bedienung ist flott und von besonderem Charme.

Vorname und Name

Straße und Hausnummer

PLZ und Ort

E-Mail-Adresse

Datum und Unterschrift

An den
Lehmstedt Verlag
Hainstraße 1
D–04109 Leipzig

Liebe Leserinnen und Leser,
vielen Dank, dass Sie sich für einen Lehmstedt Reiseführer entschieden haben. Wir freuen uns, Ihre Meinung zu erfahren. Bitte schreiben Sie uns, wenn Sie Anregungen, Empfehlungen oder Berichtigungen haben. Gut verwertbare Informationen belohnen wir mit einem kostenfreien Lehmstedt Stadtführer Ihrer Wahl! Vielen Dank!

Ich habe diese Karte folgendem Reiseführer entnommen:

____

❑ Bitte senden Sie mir regelmäßig kostenfrei und unverbindlich die Kataloge Ihrer Neuerscheinungen zu.

Ich möchte gern folgende Bücher aus Ihrem Verlagsprogramm bestellen und bitte um Lieferung gegen Rechnung an die umseitig genannte Adresse.

Anzahl	Autor, Titel

Ab einem Bestellwert von 20 € ist die Lieferung innerhalb Deutschlands versandkostenfrei.

info@lehmstedt.de

9 | Steigenberger Inselhotel

Seit 1235 befand sich auf der Insel ein Dominikanerkloster. In seinen Mauern lebte der Mystiker **Heinrich Suso**, und im Winter 1414/15 wurde Jan Hus hier inhaftiert. Nach der Säkularisierung 1785 dienten die Klostergebäude zunächst dem hugenottischen Genfer Jacques Louis Macaire de l'Or als Ort für die Einrichtung einer Textilfabrik mit angeschlossener Indigo-Färberei, einem der wichtigsten Industriezweige von Konstanz im 19. und 20. Jahrhundert. Auch die Gründung der ersten Konstanzer Bank geht auf Macaire zurück. Durch Heiraten und Erbschaften ging das Anwesen an die Familie von Zeppelin über, deren berühmtester Spross Ferdinand Graf von Zeppelin 1838 hier geboren wurde. Sein Bruder Eberhard eröffnete in den Klostermauern 1875 den ersten Hotelbetrieb. 1966, während ihrer Gründungsphase, nahm die Konstanzer Universität ihren Lehrbetrieb hier auf. Heute kann man den Kreuzgang und das Refektorium besichtigen. In den Mauern der ehemaligen Kirche befindet sich ein Festsaal. Sehenswert ist auch das Kapitelhaus, das man linker Hand über den hoteleigenen Parkplatz erreicht. In ihm tagten während des Konzils die Abgesandten der französischen Nation.

Heinrich Suso
1295/97–1366, auch Heinrich Seuse oder Heinrich von Berg, Mystiker. Er entstammte einer alten Konstanzer Patrizierfamilie. Mit 13 Jahren trat er in den Orden der Dominikaner ein und studierte Theologie und Philosophie. In Köln gehörte er zum Schülerkreis von Meister Eckart und tat sich in den folgenden Jahren als Autor von mystischen Schriften hervor. Seine Werke »Büchlein über die Wahrheit« und »Das Büchlein der ewigen Wahrheit« gehören zu den Standardwerken der christlichen Mystik. 1831 wurde Suso seliggesprochen.

Heinz Hilpert
1890–1967, Regisseur und Intendant. Hilpert begann als Schauspieler an der Volksbühne in Berlin, spielte und inszenierte unter Max Reinhardt am Deutschen Theater. Der »Der Hauptmann von Köpenick« von seinem Freund Carl Zuckmayer (1931) wurde ein großer Erfolg. Nach der Vertreibung Reinhardts wurde Hilpert 1934 Intendant des DT und blieb es bis zur Schließung der Berliner Theater 1944. Nach dem Krieg arbeitete er einige Jahre in Zürich, Wien und Salzburg, bis er 1948 an das Konstanzer Stadttheater kam. Mit einem jungen Ensemble und moderner Gegenwartsdramatik gelang es in kurzer Zeit, republikweite Aufmerksamkeit zu erringen. Das Publikum jedoch versagte ihm die Anerkennung, und so wechselte er 1950 an das Deutsche Theater Göttingen, wo fortan glanzvolle Zeiten anbrachen.

10 | Stadttheater

Die Geschichte des Theaters reicht bis ins Jahr 1607 zurück, als hier das Lyzeum eines Jesuitenkollegs entstand, dessen Schüler bereits in Theateraufführungen auf der Bühne standen. Seit der Auflösung des Jesuitenordens 1773 wird das Gebäude als Theater genutzt. Von der Stadt betrieben, kam es im Laufe der Zeit mehrfach zu Krisen. So musste es wegen zu geringer Besucherzahlen 1882 sogar zeitweilig schließen. Bis in die 1950er Jahre wurde es befristet an Intendanten verpachtet, die dann mit der Auswahl der Stücke und des künstlerischen Personals Glück oder Pech haben konnten. Nach 1945 aber brachen künstlerisch große Zeiten für das Theater an. Künstler wie Hans Werner Henze als musikalischer Mitarbeiter, **Heinz Hilpert** als Regisseur und Wolfgang Engels als Dramaturg prägten das Haus. Mehrfach umgebaut und zuletzt 2012 saniert, ist es heute die älteste kontinuierlich bespielte Bühne Deutschlands und die Hauptspielstätte des einzigen festen Schauspielensembles am Bodensee. Das junge und experimentelle Theater hat seinen Platz in der Spiegelhalle in der Hafenstraße gefunden, eine weitere Spielstätte ist die Werkstatt Inselgasse.

11 | Christuskirche St. Konrad

Neben dem Stadttheater, nur durch die schmale Gymnasiumsgasse getrennt, steht die Alt-Katholische Christuskirche St. Konrad. Ihr Eingang befindet sich am Münsterplatz. Gebaut wurde sie 1604–1607 von Jesuiten, die im Zuge der Gegenreformation am Ende des 16. Jahrhunderts nach Konstanz berufen worden waren und die mit dem Kolleg und dem Lyzeum (heute Stadttheater) ihr Bildungswerk für die Söhne Adeliger sowie Angehöriger niedrigerer sozialer Schichten ausüben wollten. Neben Theologie, Logik und den antiken Klassikern lehrten die Jesuiten auch Mathematik, Astronomie, Physik und Philosophie.

Ende des 17. Jahrhunderts verlieh man der Kirche ihr heutiges spätbarockes Aussehen. Das Tonnengewölbe erhielt seinen Stuck, die Seitenaltäre wurden abgerissen

Hans Morinck
Um 1555–1616, Bildhauer. 1578 wurde Morinck der Aufenthalt im Petershausener Kloster zugebilligt, 1582 wurde er Konstanzer Bürger und übersiedelte in die Stadt. Morinck arbeitete vorwiegend für katholische Kirchen sowie für das Konstanzer Patriarchat und den Adel in der Bodenseeregion, wobei er niederländische Elemente mit der italienischen Formensprache in seinen Arbeiten vereinigte. Um 1600 galt Morinck als führende Künstlerpersönlichkeit, der mit seinen Werken zur Überwindung der spätgotischen Formensprache beitrug.

und neue barocke Altäre sowie Kanzel, Beichtstühle und Kirchenbänke eingefügt. Damit ist sie heute die stilreinste Kirche der Altstadt. Als der Jesuitenorden 1773 aufgehoben wurde, ging das Gymnasium in Privathand über, die Kirche jedoch wurde weiterhin für Schülergottesdienste genutzt. Zu Beginn des 20. Jahrhunderts stellte sie der Großherzog von Baden der 1873 gegründeten Alt-Katholischen Gemeinde zur Verfügung.

Zu den wertvollsten Ausstattungsstücken zählen die Statuen Marias mit dem Kinde und der drei gabenbringenden Könige, die der in Konstanz lebende niederländische Meister **Hans Morinck** geschaffen hat. Sie stehen heute im Aufbau des Hochaltars und sind in die Zeit der Entstehung der Kirche einzuordnen. Die vier Gemälde im Chorraum sind erstmalig 1683 erwähnt. Sie stellen die Jesuitenheiligen Aloysius, Ignatius, Stanislaus und die japanischen Märtyrer dar. Ein seltenes kulturgeschichtliches Dokument sind die Initialen von zahlreichen Schülern seit dem 18. Jahrhundert, die diese während wohl endlos erscheinender Schülergottesdienste in die Bänke ritzten. Die Besichtigung der Kirche ist täglich durch ein Trenngitter möglich, aber auch so kann man den Kirchenraum als Ganzes mit dem prächtigen Herzstück, dem Hochaltar, auf sich wirken lassen.

Blick in die Brückengasse

12 | Ehem. Stiftskirche St. Johann

In der Brückengasse 1 findet man heute in einem auffälligen Gebäude das »Café Dom«. Man betritt es durch den Eingang der ehemaligen Stiftskirche St. Johann. Bischof Konrad I. gründete hier im 10. Jahrhundert anstelle einer Friedhofskapelle die Kirche St. Johann entsprechend ihrem römischen Vorbild San Giovanni in Laterano. Im 13. Jahrhundert versammelte sich eine Gruppe von Klerikern um den Pfarrer von St. Johann, Ulrich von Überlingen, um ein Chorherrenstift einzurichten. Der Bischof von Konstanz stimmte zu, ebenso Domkapitel und Dompropst, und 1267 konnte die »Ecclesia Sancti Johannis in Constantia« unter einem Doppelpatronat von Johannes dem Täufer und Johannes dem Evangelisten gegründet werden. Das Stiftsgut lag vor allem im Thurgau. Von St. Johann ging in Konstanz die Reformation aus, und am Palmsonntag 1525 wurde das erste Abendmahl nach lutherischem Verständnis gefeiert. Gegen Ende des 16. Jahrhunderts existierten Pläne, das Stift aufzuheben und in seinen Mauern ein Jesuitenkolleg einzurichten. Dagegen konnten sich die Stiftsherren jedoch erfolgreich wehren. Erst 1813 erfolgte die Aufhebung der Pfarrei im Rahmen der Säkularisierung, drei Jahre später

wurde die Kirche entweiht. Das Kircheninventar ging an das Münster über, die Stiftertafel ist heute im Besitz des Rosgartenmuseums, und die Orgel befindet sich in der Stephanskirche. 1889 wurde die Kirche zu einem Hotel und einer Gaststätte umgestaltet. Im Kirchenschiff (mit Eingang von der St.-Johann-Gasse aus) hat heute ein Einrichtungshaus seinen Sitz und zeigt in den historischen Mauern moderne Möbel und Lampen.

13 | Münsterplatz

Führung Römer-Kastell über Tourist-Information
Tel. 07531 13 30 26
Kulturzentrum am Münster Di–Fr 10–18 Uhr,
Sa/So 10–17 Uhr

Unter der gläsernen Pyramide befinden sich Reste eines römischen Kastells, errichtet im 4. Jahrhundert unter dem römischen Kaiser Constantius I. Er sicherte durch neue Festungsanlagen die Rheingrenze von Mainz bis zum Bodensee gegen Angriffe der Germanen. Wahrscheinlich benannte man das Grenzkastell nach ihm, Constantia, womit der Name der Stadt Konstanz erklärt

werden kann. Mit dem Rückzug der römischen Truppen im Jahr 401 wurde das Kastell aufgegeben. 2003 erfolgten Ausgrabungen, und die unterirdischen Reste wurden der Öffentlichkeit zugänglich gemacht. Nach Anmeldung ist es möglich, sie zu besichtigen.

Ein roter Neubau fällt gegenüber dem Münsterportal ins Auge. Das städtische Kulturzentrum ist ein Ort der Kommunikation, in dem sich die Stadtbücherei, der Kunstverein, die Wessenberg-Galerie und die Volkshochschule befinden, zu denen sich freie Kulturträger gesellen. Die hochkarätige Kollektion der Wessenberg-Galerie ging aus der Sammlung des letzten Bistumsverwesers, Ignaz Heinrich von Wessenberg (1774–1860), hervor. Er sammelte vor allem Gemälde religiösen und mythologischen Inhalts. Heute liegt der Sammlungsschwerpunkt auf süddeutscher Kunst des 19. und 20. Jahrhunderts. Hervorzuheben ist die etwa 450 Blatt zählende Sammlung von Handzeichnungen des Bankiers Wilhelm Brandes (1839–1907).

Einige Schritte links in der Wessenbergstraße 43 befindet sich das Wessenberg-Haus. Der einst mittelalterliche Domherrenhof mit dem Namen »Haus zum Panthertier« wurde in späteren Jahren mit einer klassizistischen Fassade versehen.

14 | Münster Unserer Lieben Frau

Besichtigung 10–18 Uhr
Turmaufstieg Di–Sa 10–17 Uhr, So 12.30–17 Uhr

Auf einem Hügel steht als Mutterkirche der Konstanzer Kirchen das Münster Unserer Lieben Frau. Bereits im 4. Jahrhundert hatten hier die Römer ein Kastell angelegt, auf dessen Mauern um 690 die erste christliche Kirche gebaut wurde. Nach deren Einsturz begann man 1052 mit dem Bau einer spätromanischen, kreuzförmigen, dreischiffigen Basilika aus grüngrauem Rorschacher Sandstein. Das Münster in seiner heutigen Gestalt enthält Elemente aus fast allen darauffolgenden Jahrhunderten. Der Nordturm des Westriegels stammt aus dem 12. Jahrhundert, der Südturm aus dem frühen 13. Jahrhundert. Im 15. Jahrhundert gestaltete man Chor, Querhaus und Seitenschiffe im spätgotischen Stil um, und auch der Dachreiter kam anstelle eines eingestürzten Turmes auf die Vierung. Die 76 Meter hohe neogotische Turmpyramide wurde erst 1846–1860 aufgesetzt.

So wechselvoll die Geschichte des Bauwerkes ist, so wechselvoll gestaltete sich auch die Geschichte des Bistums. Am Ende des 6. Jahrhunderts wurde Konstanz Bischofssitz mit der Aufgabe, die heidnischen Alemannen zu missionieren. Bischof Salomo III. (Amtszeit 890–919) ließ eigens für die Gebeine des **Hl. Pelagius**, die er 904 aus Rom nach Konstanz gebracht hatte, eine Krypta bauen. Unter den Bischöfen Konrad I. und Gebhard II. brach im 10. Jahrhundert eine Blütezeit für das Bistum an. Ersterer förderte die Stadt und ließ nach dem Vorbild Roms das Münster mit einem Kranz von Marienkirchen umgeben; ihm ist auch die Errichtung der Mauritiusrotunde zu verdanken. Gebhard II. zeichnete sich durch straffe Umsetzung kirchenreformerischer Gedanken aus, darunter der Wiederherstellung der Kirchenzucht bei Mönchen; er gilt als der Vollender des romanischen Münsterneubaus.

Am 5. November 1414 wurde im Münster Weltgeschichte geschrieben. Mit einem feierlichen Gottesdienst wurde das 16. Konzil, die allgemeine Kirchenversammlung, eröffnet, dessen Ziel es war, die Einheit der Kirche wiederherzustellen und das Abendländische Schisma,

Heiliger Pelagius
Der wahrscheinlich fiktive Pelagius ist der Schutzheilige der Stadt Konstanz. Der Legende nach erlitt er schon im jugendlichen Alter das Martyrium als verfolgter Christ. Als Ort seines Todes nimmt man heute Ljubljana (Slowenien) an. Spätere Legenden verlegten die Geschichte des Heiligen in die Bodenseeregion. Nach heutiger Forschermeinung handelt es sich bei der Reliquie, die 904 nach Konstanz gelangte, um die Gebeine eines Katakombenheiligen, also einer unbekannten Person, die z. Zt. des frühen Christentums in Rom bestattet wurde. Die Attribute des Hl. Pelagius sind Palmzweig, Schwert und manchmal ein Buch.

die Spaltung, zu überwinden. Nach langem und zähem Ringen, in dessen Verlauf das Münster als Konzilsaula gedient hatte und drei gegeneinander herrschende Päpste abgesetzt wurden, begann am 8. November 1417 das Konklave. Nach drei Tagen hatte man sich auf einen neuen Papst geeinigt, Oddo di Colonna, der als Martin V. aus der Wahl hervorging. Seine Inthronisierung fand auf einer Tribüne vor dem Münster statt.

Im 16. Jahrhundert hatte das Münster neben einem gewaltigen Brand auch die Exzesse der reformatorischen Bilderstürmer zu erdulden, in deren Verlauf die Ausräumung der mittelalterlichen Ausstattung erfolgte – der Hochaltar, 60 weitere Altäre, Statuen, Bilder und der Kirchenschatz wurden entfernt, zerschlagen oder verbrannt. Dabei soll es in Konstanz noch recht geordnet zugegangen sein. Gold und Silber beschlagnahmte die Stadtkasse, ließ sie einschmelzen, um sie zu verkaufen, und die Reliquien, darunter die Gebeine des Pelagius, wurden in den Rhein geworfen. Bischof und Domkapitel verließen die Stadt.

Zwar konnten sie im Rahmen der Gegenreformation 1548 wieder nach Konstanz zurückkehren, aber sie zogen es doch vor, in Meersburg, am anderen Ufer des Bodensees, zu residieren. 1551 wurde das Münster neu ge-

Münster oder Dom?
Ein Dom ist eine Bischofs- oder Kathedralkirche. Viele Kathedralen werden auch als Münster bezeichnet, etwa in Straßburg oder Freiburg. »Münster« leitet sich von »monasterium« (Kloster) ab. Das Konstanzer Münster war aber nie mit einem Kloster verbunden. Bezeichnete man ursprünglich das gesamte Kloster als Münster, bezog sich der Name später nur noch auf die Klosterkirche, und im deutschen Raum ging der Begriff auch auf bedeutende Stadt- oder Stiftskirchen über, die keine Kathedralen sind.

weiht. Im Zuge der Säkularisation 1802 ging das Bistum Konstanz, das größte des Heiligen Römischen Reiches, unter. Die Besitztümer kamen zu einem großen Teil an den Markgrafen von Baden, der dadurch sein Territorium vervierfachen konnte. Seit 1827 gehört Konstanz zur Erzdiözese Freiburg. Die Bischofskathedrale wurde zur Pfarrkirche, die 1955 den päpstlichen Ehrentitel Basilica Minor erhielt.

Durch das Hauptportal betritt man das Kircheninnere. Sechzehn Säulen tragen das Mittelschiff mit dem barocken Tonnengewölbe und seinen Stuckrippen über flachen Wandpilastern. Als Kuben fügen sich Querhaus und Altarraum an die beinahe quadratische Vierung an. Das Innere ist in einem dunklen Weiß ausgemalt, was das Mittelschiff klar strukturiert und der Ausstattung mehr Geltung verschafft.

Ein Werk des bedeutenden süddeutschen Barockbildhauers **Christoph Daniel Schenk** ist die hölzerne Kanzel (1680). Sie stellt den Erzvater Abraham dar, der einen fünfseitigen Korb mit den Evangelisten und dem Kirchenvater Hieronymus auf den Schultern trägt. Die reich dekorierte Schalldecke bekrönt eine Statue des Hl. Konrad. Die Welserkapelle (links vom Eingang) ist die westlichste der nördlichen Kapellen und mit ihrem reichen

Christoph Daniel Schenk
1633–1691, Bildhauer. Der wohl bedeutendste Konstanzer Bildhauer wurde von seinem Vater, der ebenfalls Bildhauer war, ausgebildet. Er widmete sich in erster Linie sakralen Darstellungen aus Buchsholz (Nadelholz, das an der Unterseite schiefer Stämme oder Äste auftritt, starkem Druck ausgesetzt und rötlich gefärbt ist) und Elfenbein, zwei äußerst teuren Materialien. Schenk, oft auch Schenck geschrieben, war in der Zeit der Gegenreformation tätig und fertigte verschiedene Altarfiguren, so in Tengen, Freiburg und Lindau.

TERRAM

Konsolenschmuck ein Schatz der Spätgotik. Es schließen sich acht Seitenkapellen an. In Höhe der Bankreihe 24 sollte man einige Schritte ins Mittelschiff treten. Frei sichtbar liegt hier eine dunkle Bodenplatte, auf der Jan Hus bei seiner Verurteilung durch das Konzil gestanden haben soll. Im Nordquerhaus geht man nun direkt auf den Thomaschor zu. Hier findet man ein spätgotisches Schmuckstück des Münsters – den »Schnegg« genannten Treppenturm aus dem Jahr 1438, der zur oberen Nikolauskapelle führt und in dessen Maßwerk man Gideons Fall, Mariä Verkündigung, Christi Geburt und den brennenden Dornbusch erkennen kann.

Durch die Vierung gelangt man vor den Hauptchor mit Hochaltar von 1774 und dem reich geschnitzten Chorgestühl, das um 1465 von Meistern aus dem Bodenseeraum gefertigt wurde. Seit die drei Ostfenster 1923 geschlossen wurden, ist der Hauptchor fensterlos. Aber man erkennt heute noch ihre gewaltige Größe und kann den Eindruck erahnen, den die hereinfallende Sonne am Morgen erweckte. Gegenüber erhebt sich auf der 1516 erbauten Orgelbühne der Orgelprospekt. Figürchen, Masken und Tiergestalten, filigranes Flechtwerk und warme leuchtende Partien in Rot und Gold geben dem ganzen Ensemble einen heiteren Charakter. Zudem gilt das Instrument als eines der besten im Südwesten Deutschlands.

Seit Pfingsten 1999 ist sie wieder im Münster zu bewundern – die Muttergottesstatue aus dem 13. Jahrhundert, die Patrona ecclesia, die im Zuge der Reformation aus dem Münster entfernt worden war und 1923 im Rahmen eines Tauschgeschäfts in das Rosgartenmuseum gelangte. Am nordwestlichen Vierungspfeiler hat sie ihren Platz gefunden. Die Figur ist aus Pappelholz geschnitzt, 161 Zentimeter groß, und trotz ihres herben Lächelns geht ein Zauber von ihr aus.

Links vom Hauptchor erreicht man durch die Sakristei den zweistöckigen, 1824 teilweise durch ein Feuer zerstörten Kreuzgang. Er entstand in der frühen gotischen Bauphase zwischen 1294 und 1320 und wurde wahrscheinlich von südfranzösischen Handwerkern errichtet. Die Konradikapelle, zwischen Thomaschor, Krypta und Mauritiusrotunde gelegen, enthält die steinerne Grabtumba des Hl. Konrads, und in einem vergoldeten Schrein sein Haupt. Bis ins 18. Jahrhundert hinein war sie

Bischof Konrad und die Spinne

Verschiedene Porträts und Plastiken zeigen Bischof Konrad I. mit einem Kelch und einer Spinne. Der Legende nach fiel während einer Heiligen Messe am Ostersonntag, nach der Umwandlung des Weines in das Blut Christi, eine Spinne direkt in den Becher. Spinnen zu verzehren galt im Mittelalter als tödlich. Die Spinne zu entfernen, hätte jedoch bedeutet, etwas vom Blute Christi zu verlieren. Also trank Konrad, ohne mit der Wimper zu zucken und auf Gott vertrauend, den Becher leer. Beim Mittagsmahl, bei dem alle Versammelten den Bischof schon dem Tode geweiht wähnten, öffnete Konrad den Mund, und die Spinne kletterte wohlbehalten wieder heraus. Alle jubelten und dankten Gott für das Wunder.

Heiliges Grab in der Mauritiusrotunde

eine wichtige Pilgerstätte. Den Bildersturm von 1525 hat einzig der spätgotische Flügelaltar überlebt.

Im Winkel von Kreuzgang und Kapitelsaal befindet sich die Mauritiusrotunde, eine eingeschossige Rundkapelle, die dem Hl. Mauritius, dem Schutzheiligen der Ottonen, geweiht war. Erbaut um 940, wurde sie um 1300 erneuert. In der Mitte der Rotunde, einer Imitation der Grabeskirche in Jerusalem, steht ein um 1260 nachgebildetes Heiliges Grab. Das zwölfeckige Häuschen aus Sandstein ist mit Steinmetzarbeiten bedeckt und trägt Skulpturen: Zwischen den Zinnen in der Dachbrüstung stehen die zwölf Apostel, und auf Augenhöhe zwölf Figuren, die auf Szenen aus der Weihnachtsgeschichte verweisen. Auffällig an ihnen ist ihr gemütvoller, inniger Gesichtsausdruck. Über die Jahrhunderte hinweg kamen Pilger aus aller Welt und umrundeten das Heilige Grab dreimal, und noch heute ist es eine Station auf drei Teilstrecken des Jakobswegs in Konstanz.

Muttergottesstatue

Einzigartig ist die kleine Silvesterkapelle am Ostflügel des Kreuzgangs. Sie wurde 1472 vollständig ausgemalt und dokumentiert in ihrer Farbigkeit und Dramatik die Blüte der Spätgotik. In monochromer Malerei schlingt sich grünes Rankenwerk über die Felder des Gewölbes und rahmt die Büsten der Propheten ein. Darunter sind die Passionsgeschichte und das Weltgericht dargestellt.

Die Krypta unter dem Chor ist seit dem 10. Jahrhundert unverändert erhalten geblieben. Blickfang sind die berühmten vier Konstanzer Goldscheiben, die ursprünglich am Ostgiebel angebracht waren und dort heute durch Kopien ersetzt sind. Die bedeutendste, in ihrer Entstehung auf 1000 datiert, die Maiestas-Domini-Scheibe mit einem Durchmesser von 194 Zentimeter, die den auf einem Thron sitzenden, strengen bartlosen Christus zeigt, fand ihren Platz über dem Altar. Sie besteht wie auch die drei anderen Scheiben aus Kupferplatten auf einer Holzunterlage, die feuervergoldet wurden. Die drei kleineren Scheiben aus dem frühen 13. Jahrhundert zeigen den Hl. Pelagius, den Hl. Konrad und den Evangelisten Johannes, erkennbar an seinem Symbol, dem Adler.

Von der Aussichtsplattform des Münsterturmes kann man in 40 Metern Höhe einen eindrucksvollen Blick über Stadt und Bodensee genießen. Dabei ist man auch näher an dem mit 19 Glocken zweitumfangreichsten Domgeläut in Deutschland. Vom ältesten, dem im frühen 13. Jahrhundert in Zuckerhutform gegossenen Sterbeglöckchen, bis hin zu den zwölf im Jahr 1966 gegossenen großen Glocken ergibt ihr Zusammenspiel einen musikalischen Genuss.

Beweinung Mariä im Thomaschor

Maiestas-Domini-Scheibe in der Krypta

15 | Niederburg

Brauhaus »Joh. Albrecht« 11.30–1 Uhr

Durch die St.-Johann-Gasse gelangt man in den ältesten Teil der Stadt, die Niederburg. Hier entstanden seit der Ansiedlung des Bischofssitzes im 6. Jahrhundert Quartiere für die bischöflichen Ministerialen und Bediensteten. Domherren, die aus alten Adelshäusern stammten, bauten sich in der Nähe des Bischofssitzes prächtige Häuser. Das Viertel hat Kriege und Notzeiten fast unversehrt überstanden. Einen Rundgang durch die Gassen sollte man nicht versäumen, zumal sich hier in den letzten Jahren junge Kunsthandwerker, Designer und Künstler angesiedelt und Werkstätten und Ateliers eröffnet haben.

An der Mündung der St.-Johann-Gasse in die Inselgasse erhebt sich farbenfroh die einzige Gasthausbrauerei von Konstanz, die 1893 in Betrieb genommen wurde. Das erstmalig 1266 erwähnte Haus war Jahrhunderte im Besitz des St. Johanns-Stifts. Es wurde während des Konstanzer Konzils zur Wohnung des Erzbischofs von Magdeburg, der hier mit Gefolge und 36 Pferden Quartier nahm. Nach einem Bummel durch die Gassen der Niederburg, bei dem man dem Weinhaus »Franz Fritz«

Oswald von Wolkenstein
Um 1377–1445, Sänger, Dichter und Politiker. Wolkenstein wurde in Tirol geboren. Das bekannteste Porträt zeigt ihn mit einem geschlossenen Auge, was auf eine Missbildung zurückzuführen ist. Er reiste viele Jahre im Auftrag verschiedener Herrscher als fahrender Sänger und Ritter umher. Höhepunkt seines Lebens war die Teilnahme am Konstanzer Konzil, wo er im Dienste König Sigismund I. 300 ungarische Gulden als Jahresgehalt bekam. Zahlreiche Gedichte in drastischer und sinnlicher Sprache schildern den Alltag auf dem Konzil. Im Wesentlichen sind von ihm drei bedeutende Liederhandschriften erhalten.

(Niederburggasse 7) unbedingt einen Besuch abstatten sollte, gelangt man in der Brückengasse zum nächsten Punkt des Stadtrundgangs.

16 | Kloster Zoffingen

Das Dominikanerinnenkloster – mit vollständigem Namen: Kloster zur Heiligen Katharina von Alexandrien in Konstanz – existiert seit 1297 und hat als einziges Kloster in der Stadt die Säkularisation überstanden, da innerhalb seiner Mauern seit 1775 die erste Normalschule für Mädchen bestand, die von der Stadt mitfinanziert wurde. 1926 wurde die Schule staatlich anerkannt und unter städtische Aufsicht gestellt. In der Zeit der nationalsozialistischen Bildungspolitik legte man den lehrenden Nonnen manche Steine in den Weg. Konfessionell gebunden, konnten und mussten sie sich von der Blut- und Boden-Ideologie distanzieren. 1939 sollten keine neuen Schülerinnen mehr aufgenommen werden – aber wie so oft in der Geschichte des Klosters überlebte der Schulbetrieb. Nachdem 2003 die Grundschule aufgelöst und nur noch eine Mädchenhaupt- und -realschule bestand, wurde der Schulbetrieb 2017 aufgegeben. Im Kloster selbst

Klosterkapelle

leben heute noch sieben Dominikanerinnen. Die Kapelle des Klosters ist nicht zu besichtigen und nur zu Gebetszeiten zu betreten.

17 | Spitalkellerei

Vinothek Mo–Fr 10–18 Uhr, Sa 10–14 Uhr

Deutschlands älteste noch bestehende Stiftungskellerei ist ein Wirtschaftsbetrieb der 1225 gegründeten Spitalstiftung, zu deren Aufgaben auch heute noch die Pflege von alten und kranken Menschen sowie die Unterhaltung von mehreren Pflege- und Altenheimen zählt. Zum Vermögen der Stiftung gehört seit über 700 Jahren auch eine Reihe von Weinbergen in Konstanz und Meersburg. Hier gedeihen die für die Bodenseeregion typischen Rebsorten wie Spätburgunder und Müller-Thurgau. Das ursprüngliche Haus der Spitalkellerei, »Am Tümpfel« genannt, wurde 1352 erstmalig urkundlich erwähnt. Der heutige Bau datiert aus dem 15. und 16. Jahrhundert. Die der Konzilstraße zugewandten Kellereigebäude stammen von 1987. Hier befindet sich die Vinothek.

18 | Archäologisches Landesmuseum

Di–So 10–17 Uhr

Die Rheinbrücke wurde 1860 über den Seerhein gebaut und mehrfach erweitert. Am anderen Ufer, im Konventsgebäude der ehemaligen Benediktinerabtei Petershausen, findet sich die Hauptstelle des Archäologischen Landesmuseums. Auf 3000 Quadratmetern zeigt die Dauerausstellung archäologische Funde in Baden-Württemberg. Von der Jungsteinzeit bis hin zum Mittelalter werden dabei Arbeit, Alltag, Familie, Religion und Kultur beleuchtet. Im hallenartigen Neubau findet man das älteste Schiff vom Bodensee, 1981 entdeckt und dem frühen Mittelalter zugeordnet. Die große Mittelalterausstellung, die sich besonders dem Konstanzer Stadtleben widmet, sucht ihresgleichen. Weitere Attraktionen des Museums sind u. a. die vollständig erhaltene Leier aus dem Grab eines alemannischen Kriegers aus dem 6. Jahrhundert sowie »Die Welt der Pfahlbauten« mit sensationellen Funden aus dem UNESCO-Weltkulturerbe. Seit 2011 zählen die über einhundert Fundstellen von prähistorischen Pfahlbauten am Bodensee zu diesem Welterbe. Virtuell kann man die archäologischen Funde der Seeufersied-

2024 wird in Konstanz ein neues **Panorama** von Yadegar Asisi eröffnet werden. Das Konzil von Konstanz, ein 360°-Panorama, hat die überfüllte und von internationalem Publikum wimmelnde Konzilstadt in den Jahren 1414 bis 1418 zum Thema, die von einem fiktiven Platz mitten in der Altstadt betrachtet werden kann. Verkehrstechnisch günstig an der Schänzlebrücke gelegen, wird das Panorama in einem eigens dafür konzipierten zylindrischen Rundbau des Architektenbüros Sauerbruch Hutton nicht nur eine neue Landmarke im Weichbild der Stadt, sondern auch eine weitere Attraktivität für Besucher darstellen.

Plimplam
Konstanzer Sonderling und Retter der Stadt. Während des Schmalkaldischen Krieges, als protestantische Truppen gegen den katholischen Kaiser Karl V. kämpften, stand die freie Reichsstadt Konstanz auf der Seite der Protestanten. Spanische Truppen griffen am 6. August 1548 um 4 Uhr morgens die Stadt an. Die Brücke nach Petershausen konnte nicht mehr schnell genug hochgezogen werden. In einer Kampfpause gelang es einem Pfründner, der nur unter dem Namen Plimplam bekannt war und als dumm und einfältig galt, in letzter Minute die Brücke hochzuziehen.

lungen aus dem 5. bis 1. Jahrtausend v. Chr. erleben – ein gemeinsames Projekt von über 30 Museen, Sammlungen und Archiven rund um den Bodensee.

19 | Rheintorturm

Fasnachtsmuseum Apr.–Okt.: Fr 18–22 Uhr, Sa/So 14–17 Uhr

Rund 25 Türme und Tore zählten einst zur mittelalterlichen Konstanzer Stadtbefestigung. Davon sind nur noch drei Türme erhalten, darunter der Rheintorturm oder Peterhausertor, wie er auch genannt wurde. Er wurde im 15. Jahrhundert errichtet und steht direkt an der Rheinbrücke, wo der Rhein aus dem Bodensee herausfließt und wo man die Stromkilometer des Flusses zu zählen beginnt. Sein Kern ist zweihundert Jahre älter. Er ist 35 Meter hoch und seine Außenwände bestehen aus Sandstein, während der der Stadtseite zugewandte Teil mit Fachwerk und Backsteinen ausgeführt ist. Die Deckenkonstruktion, Balken, die wie die Speichen eines Rades gezogen sind, kann man leider nicht sehen. Im Inneren des Turmes hat sich das Konstanzer Fasnachtsmuseum angesiedelt, das eine eindrucksvolle Ausstellung des Brauchtums der Konstanzer Fasnacht, darunter Masken und Fasnachtsfiguren in Lebensgröße, zeigt.

Zurück auf der linken Seite des Rheins lohnt es sich, in die Rheingasse zu biegen und ihr einige Schritte zu folgen, um das prächtige vierflügelige Gebäude der ehemaligen Dompropstei zu besichtigen. Die Westfront des 1609 errichteten Baus mit dem volutengeschmückten Doppelgiebel ist von den Figuren der Gerechtigkeit und Wahrheit gekrönt.

20 | Pulverturm

Den Rheinsteig entlanggehend, vorbei an den im 19. Jahrhundert errichteten Standbildern der Herzöge Leopold von Baden und Berthold von Zähringen sowie der Konstanzer Bischöfe Gebhard II. und Konrad I., sieht man schon nach wenigen Schritten den Pulverturm. Er

Rechts: Rheintorturm

war der nordwestliche Eckpfeiler der Stadtbefestigung, den die Konstanzer Juden um 1321 als ihren Beitrag zur Stadtsicherung errichten mussten. Das bewahrte sie jedoch nicht davor, einhundert Jahre später in eben diesem Turm zur Erpressung von Lösegeldern gefangengesetzt zu werden. Auch später diente er öfter als Gefängnis. In ihm wurden die städtischen Folterinstrumente verwahrt. Später nutzte ihn die österreichische Garnison als Pulvermagazin, woher sein Name rührt. In Eigeninitiative saniert, beherbergt er heute die 1884 gegründete Narrengesellschaft Niederburg. Mit dem Narrenruf: »Ho narro!« stürmen die Niederburger während der Fasnacht das Rathaus und organisieren den Hemdglonkerumzug mit.

Volapük ist eine Plansprache, die aus bereits existierenden Sprachen konstruiert wurde. Ihr Erfinder, der Pfarrer Johann Martin Schleyer, veröffentlichte sie 1880. Sie enthält die Elemente von sechs verschiedenen europäischen Sprachen und sollte ursprünglich den Namen »Völkerdolmetsch« tragen. Zuvor stellte Schleyer 1878 ein Weltalphabet zusammen, da der Verständigung unter den Völkern ja eine gemeinsame Schreibweise zugrundeläge. Volapük ist heute nur noch Forschungsgegenstand der Interlinguistik.

21 | Landgericht

In der Unteren Laube, einer vierspurigen, aber mit einer begrünten Mittelpromenade versehenen Straße, wendet man sich wieder vom Rhein ab. Möglich ist es nun, rechter Hand das »Paradies« zu besuchen, ein im 19. Jahrhundert eingemeindetes Fischerdorf und heute ein friedliches grünes Gartenviertel mit vielen Jugendstilvillen, dem Sterbehaus des **Volapük**-Erfinders Johann Martin Schleyer und der kleinen St.-Markus-Kapelle. Linksrheinisch gelegen schließt es an die Schweizer Grenze an. Wo einst das Äußere Paradieser Tor stand, empfängt heute das französische Restaurant »Papageno zur Schweizer Grenze« (Gottlieber Straße 64) seine Gäste.

An der Ecke der Unteren Laube zur Inselgasse passiert man das Landgericht. Sein historisches Hauptgebäude mit zwei kurzen Seitenflügeln besitzt an der Rückseite ein prächtiges Renaissanceportal mit der Darstellung des Hl. Jakobus. Nachdem Konstanz am 27. März 1806 in die Herrschaft des Herzogtums Baden übergegangen war, siedelte 30 Jahre später das Badische Hofgericht von Meersburg nach Konstanz über und bezog den 1767 erstmalig erwähnten Blarerschen Domhof. Mit dem Inkrafttreten der Reichsjustizgesetze 1879 wurden alle Oberhof- und Hofgerichte aufgelöst und in Landgerichte umgewandelt. Dem Oberlandesgericht Karlsruhe untergeordnet, umfasst seine Zuständigkeit heute die Bezirke von sieben Amtsgerichten.

Oben: Portal des Landgerichts
Links: Statue von Großherzog Leopold I. und Pulverturm

Graf
Zeppelin
Gaststätte
Hotel
HOTEL

Kaserne. 1815 kaufte die Stadt das Gebäude und nutzte es als Stadthaus, Schulgebäude und Truppenunterkunft. Heute gelangt man durch den südlichen Eingang in den Bürgersaal, der für Ausstellungen und Veranstaltungen genutzt wird.

Vom östlichen Balkon, so wird gemutmaßt, soll **Friedrich Hecker** am 12. April 1848 die erste Deutsche Republik proklamiert haben, woran eine Gedenktafel und ein dreiteiliges, recht drastisches Relief von Johannes Grützke an der Front erinnern. Tatsächlich fand an diesem Nachmittag im Stadthaus eine Volksversammlung statt, auf der Hecker seine Pläne für einen bewaffneten Aufstand für Demokratie und eine Republik verkündete. Die Stimmung der Bürgerschaft war zwar aufgeheizt, aber keinesfalls revolutionär.

Friedrich Hecker
1811–1881, Rechtsanwalt und Revolutionär. Hecker studierte Jura in Heidelberg und München und ließ sich als Rechtsanwalt in Mannheim nieder, wo er zum Wortführer der demokratischen Opposition wurde. Seine Hoffnungen auf radikale Änderungen wurden enttäuscht, sodass er im April 1848 einen revolutionären Aufstand von Konstanz aus unternahm, der als »Heckerzug« bekannt geworden ist, aber bereits drei Wochen später niedergeschlagen wurde. Hecker musste in die USA emigrieren, wo er sich für die Abschaffung der Sklaverei einsetzte.

25 | St. Stephan

Vom St.-Stephans-Platz aus überblickt man am besten die klare Gliederung des namensgebenden Kirchenbaus. Wie ein Campanile steht der viergeschossige spätgotische Turm von 1485 vor dem Ende des Seitenschiffs. Nach Osten erstreckt sich der langgezogene Chor mit seinen hohen Spitzbogenfenstern. In einer Nische an der Wessenbergstraße steht die über zwei Meter große Holzfigur des Hl. Stephan. Auf einem Sandsteinsockel wacht unter ihr der Hl. Nepomuk, der einzige Heilige außer Maria mit einem Sternenkranz, geschaffen um 1710. Zu empfehlen ist es, die Kirche von Westen aus zu betreten, denn dann ist der Eindruck des Kirchenschiffs mit dem golden leuchtenden Chor am stärksten.

St. Stephan gilt als die älteste Kirche von Konstanz, da bereits die Römer hier eine Markthalle gebaut hatten, die um 680 vom Hl. Gallus beschrieben wird. Mehrmals wurde sie zerstört und wieder aufgebaut, aber bis etwa 920 stand sie außerhalb der Stadtmauern. Aus einer im 12. Jahrhundert errichteten romanischen Basilika entstand 1428–1486 das heutige Gebäude als Markt- und Bürgerschaftskirche. Während des Konstanzer Konzils war die Stephanskirche Tagungsort des päpstlichen Gerichts, der Rota Romana. 1416 feierten hier die deutschen und englischen Kardinäle die Weihnachtsmesse.

Oben: Statue des Hl. Nepomuk an der Stephanskirche
Links: Hotel »Graf Zeppelin«

1521 erfasste die Reformation auch St. Stephan. Der damalige Pfarrer von St. Johann predigte hier im neuen Geist, auch gegen den Widerstand des Kapitels, das sich dem kaiserlichen Wormser Edikt unterwarf und gegen die Ketzereien des Martin Luther agitierte. Aber St. Stephan war im Gegensatz zum Münster eine Bürgerkirche, und der Rat der Stadt übernahm im Mai 1527 die Kirche und bezeichnete sich selbst in Folge als Pfarrer. Auch in der Stephanskirche wütete der Bildersturm, 14 Altäre wurden abgerissen, Bücher vernichtet, der Kirchenschatz eingeschmolzen. 1529 predigte hier Huldrych Zwingli. Obwohl 1548 der Katholizismus in Konstanz wieder durchgesetzt wurde, kehrten Propst und Chorherren erst 1551 zurück. 1763 erhielt die Kirche die Reliquien des Hl. Stephan und des Hl. Nikolaus, des zweiten Patrons. Die Säkularisierung 1803, in deren Folge der Markgraf Karl Friedrich von Baden die Oberhoheit über das Domkapitel übernahm, bedeutete auch das Ende des Chorherrenstifts, das 1807, nach beinahe 900 Jahren, aufgehoben wurde. Heute ist St. Stephan eine Pfarrkirche der Konstanzer Altstadt-Gemeinde.

Ihre heutige spätbarocke Gestalt erhielt die Kirche Ende des 18. und zu Beginn des 19. Jahrhunderts. Der Chor bekam seine Stuckdecke, der Lettner sowie zwei Kapellen wurden abgerissen, ein neues Gestühl eingebaut. Das Mittelschiff wird gegliedert durch sechs achteckige Pfeiler. Darüber sind auf einem zwischen 1572 und 1583 gemalten Freskenzyklus die Apostel dargestellt. Über den Pfeilern sind in Gemälden aus dem frühen 20. Jahrhundert Szenen aus dem Leben Christi dargestellt. Die Kanzel stammt aus dem Jahr 1773. Zu Beginn des 20. Jahrhunderts wurde die Decke aus Lärchenholz eingezogen, die mit Hochreliefs des Freiburger Bildhauers Josef Dettlinger verziert wurde.

Hervorzuheben ist an der inneren nördlichen Chorwand ein Tabernakel, ein Sakramentshäuschen, das der bedeutende Bodensee-Bildhauer Hans Morinck 1594 schuf. Dargestellt sind die Abendmahlsszene und der Auferstandene. Es besteht aus Öhninger Kalkschiefer und gilt als das größte erhaltene Werk Morincks. Auf Konsolen stehen im Chor die um 1770 entstandenen Figuren der beiden Kirchenpatrone. Hinter ihnen schließen sich zwölf geschnitzte, in Weiß und Gold gehaltene

Guillaume-Henri Dufour
1787–1875, Humanist, General und Politiker. Dufour, in Konstanz geboren, verbrachte nur zwei Lebensjahre in seiner Heimatstadt und lebte dann in Genf, wo er Geisteswissenschaften und Politik studierte. Als Befehlshaber der eidgenössischen Truppen 1847 verhinderte er die Loslösung der Sonderkantone der Schweiz und somit den Zusammenbruch der Eidgenossenschaft. Nach der Verabschiedung der Bundesversammlung 1848 war er der erste berufene General der Schweiz. Neben seiner Tätigkeit als Festungsbauingenieur war er für die Erstellung der Dufour-Karte verantwortlich, der ersten geometrisch exakten Darstellung der Schweiz, die er 1864 beenden konnte.

Links: Turm und Chor der Stephanskirche

Apostelfiguren an, die aus der Kirche des Franziskanerklosters stammen. Beachten sollte man das Chorgestühl aus Eiche, dessen älteste Stücke aus dem Münster stammen und im frühen 15. Jahrhundert gefertigt wurden. Wenn man einige der Sitzflächen hochklappt, entdeckt man sogenannte Miserikordien, kleine Stützbretter, die im Hochmittelalter für ältere und geschwächte Mönche oder Chorherren gedacht waren (Misericordia bedeutet Barmherzigkeit). Die Brettchen sind mit grotesk geschnitzten Menschengesichtern geschmückt, die Gestühlswangen mit allerlei Tieren und Mischwesen.

Blickt man senkrecht nach oben, eröffnet sich der Himmel in der 1770 gestalteten Stuckdecke, die der bischöfliche Hofmaler Franz Ludwig Hermann mit einem lebendigen bunten Freskogemälde versah. Es stellt die Anbetung des Heiligen Lammes dar. Umrahmt wird es von Stuckaturen und Engelsköpfen auf rosa und gelbem Grund. Die Rundbogenfenster des Hochchors sind mit Glasgemälden besetzt, die dem in der Mitte des 15. Jahrhunderts in Konstanz lebenden Glasmaler Claus Nidhard zugeordnet werden.

Blickt man zur Westseite des Kirchenschiffs, sieht man den reich verzierten Prospekt der Orgel. Er weist drei Türmchen auf. Die beiden äußeren stammen aus der Salemer Zisterzienserabtei, wurden 1771 von Orgelbaumeister Karl Joseph Riepp geschaffen und gelangten 1817 in die Stephanskirche. Der Mittelturm und die beiden trompetenden Engel kamen erst 1937 hinzu, sie wurden in Überlingen gefertigt. Die Orgel selbst, ein Instrument aus der Werkstatt Georg Heintz von 1997, besteht aus 58 Registern und 4120 Pfeifen. Sie ist damit die größte rein mechanische Schleifladenorgel in Baden-Württemberg der letzten Jahrzehnte.

An der Südwand findet man weitere Arbeiten Hans Morincks, die alle um 1600 entstanden, also auf dem Höhepunkt seines Ruhmes in Konstanz. St. Stephan verfügt über ein vierstimmiges Geläut. Die älteste Glocke stammt aus dem Jahr 1665, die jüngeren aus dem Jahr 1955. Die größte und älteste Glocke, von der Firma Rosenlecher in Konstanz gegossen, übernimmt den Stundenschlag, die Glocken 2, 3 und 4 den Viertelstundenschlag.

Links: Blick zum Chor der Stephanskirche

26 | Mittelalterliche Wohntürme

An der Kreuzung von Wessenbergstraße und Münzgasse erhebt sich ein gelber Turm, der »Hohe Hirsch«, mit einem hochgezogenen Giebel. Im Mittelalter wurden solche Wohntürme von Adeligen als herrschaftliche Wohnsitze gebaut, die zugleich Schutz vor Angriffen boten. Der »Hohe Hirsch« wurde im 15. und 16. Jahrhundert errichtet und ist seit 1917 im Besitz der Familie Federspiel, die sich dem Lebensmittel-Großhandel widmete. Der Kaufmann Michael Federspiel war Mitbegründer der ersten Konstanzer Narrengesellschaft, der »Elefanten-Actien- und Faschingsgesellschaft zu Konstanz«.

Die Münzgasse weitergehend erreicht man die Hohenhausgasse. Hinter der Hausnummer 3 verbirgt sich ein zweiter Wohnturm, »Zum Goldenen Löwen«, der vermutlich um 1450 unter Domkustos Otto von Rinegg erbaut wurde und um 1580 mit einer reichen Fassadenmalerei verziert wurde, die dem Maler Jacob Memberger zugeschrieben wird. Er gehörte zu den bedeutenden seeschwäbischen Malern im Bodenseeraum, aber auch in Salzburg. Beide Türme sind heute bewohnt.

Ulrich Zasius
1461–1535, Humanist und Jurist. Der in Konstanz geborene Zasius studierte nach dem Besuch der Domschule in Konstanz an der Universität Tübingen. Mit 22 Jahren trat er als Gerichtsschreiber und Notar in den Dienst des Bischofs von Konstanz. 1494 folgte er dem Ruf als Stadtschreiber von Freiburg, wo er bis zu seinem Tod blieb. Als gesetzgeberische Meisterleistung wird die Verschmelzung römischen und deutschen Rechts in seiner Neuordnung des Freiburger Stadtrechts angesehen.

27 | Altes Rathaus

Über den Fischmarkt mit seinem Trichterbrunnen gehend und die belebte Konzilstraße überquerend, gelangt man zum schlichten, unauffälligen Alten Rathaus, das 1484 erbaut wurde. Etwa fünfzig Jahre später stürzte es ein, und erst im Jahre 1733 konnte der von Johann Michael Beer errichtete zweistöckige Bau mit Eckquadern wieder bezogen werden. Original erhalten sind das spätgotische Doppelportal mit den Bildern der Stadtpatrone Konrad und Pelagius und die Wappentafel Ulrich Gryfenbergs von 1479. Wie eine Gedenktafel vermeldet, war hier der große humanistische Rechtsgelehrte **Ulrich Zasius** tätig. Ein weiterer Umbau erfolgte im 19. Jahrhundert, bei dem unglücklicherweise eine Aufstockung stattfand. 1848 kam das Haus in Privatbesitz, fand als Hotel und auch als Postgebäude Verwendung, bis es 1885 wieder stadteigen wurde. Heute betreibt die Südwestdeutsche Philharmonie hier einen Probensaal.

Oben: Doppelportal am Alten Rathaus
Links: Wohnturm in der Hohenhausgasse 3

28 | Ehem. Reichspostgebäude

An der Ecke der Marktstätte zum Bahnhofplatz erhebt sich majestätisch im Stil der italienischen Neorenaissance das 1888–1891 nach einem Entwurf des Berliner Oberregierungsrates Kind gebaute Gebäude der Oberpostdirektion. An seiner Stelle befand sich im Mittelalter ein Kapuzinerkloster. Der Neubau eines neuen Oberpostgebäudes für den südlichen Bezirk Badens war bereits 1884 vom Reichspostamt unter Heinrich von Stephan beschlossen worden. Bis dahin musste man mit einem kleinen Gebäude am Bahnhofplatz vorliebnehmen. Als Symbol der weltumspannenden Post wurden über den Erdgeschossfenstern im Wechsel die Köpfe eines Europäers, Asiaten, Afrikaners, Indianers und Australiers angebracht. Seit 2001 wird das Gebäude, aufwendig saniert und dafür prämiert, von der Sparkasse Bodensee genutzt.

29 | Marktstätte

Auf der Marktstätte, die sich in Richtung Bodensee öffnet, fand seit dem Mittelalter der Markt statt. Am Erker der Nr. 8 erblickt man eine Tafel, die darauf hinweist, dass hier einst Goethe gewohnt hat. Ja, auch hier. Zweimal stieg er im damals feinsten Haus am Platz, dem »Hotel de l'Aigle« ab, in dem auch Kaiser Joseph II. und Hortense de Beauharnais mit ihrem Sohn Napoleon III. übernachteten. Der goldene Adler auf der Helmspitze des Erkers kündet heute noch von der einstigen Pracht.

Am 1897 geschaffenen und 1993 von Barbara und Gernot Rumpf neu gestalteten roten Kaiserbrunnen erblickt man zuerst eine verschlossene Tür in einer Brunnennische. Sie spielt auf das uns Verborgene in Geschichte und Zukunft an. Die anderen drei Nischen werden im Uhrzeigersinn von den Kaisern Maximilian I., Friedrich I. und Otto I. bevölkert. Mit Tiaren gekrönte Pfauen, wasserspeiende Hasen, Mäuse und andere Tiere tummeln sich um die und auf der Brunneneinfassung, und das achtbeinige Streitross dient manchem Kind als Reittier. Direkt hinter dem Brunnen steht das dreigeschossige »Haus Zum Wolf« (Rosgartenstraße 4) mit der einzigen Rokokofassade in Konstanz.

prooptik

30 | Rosgartenmuseum

Di–Fr 10–18 Uhr, Sa/So 10–17 Uhr, Mi ab 14 Uhr und 1. So im Monat Eintritt frei

In der Rosgartenstraße 5 hat das Rosgartenmuseum seinen Sitz. Seine Gründung 1870 verdankt es dem Stadtrat Ludwig Leiner, der in dem ehemaligen Zunfthaus der Metzger, Krämer, Apotheker und Seiler ein Museum für Stadtgeschichte einrichten ließ, das einen Querschnitt durch Geschichte, Kultur und Kunst sowie Alltagsleben im Bodenseegebiet und Konstanz bietet. Besonders sehenswert ist der Historische Saal – ein seit 1871 nahezu unveränderter Ausstellungssaal der mineralogischen und paläontologischen Sammlung mit seinen dicht gedrängt stehenden Vitrinen. Einen Schwerpunkt des Museums bildet das Mittelalter mit Skulpturen, Tafelbildern und Handschriften, wobei einer der größten Schätze die Chronik des Konstanzer Konzils von **Ulrich Richental** ist. In neuer Schönheit sind die historische Guldinast-Stube, der Gemälde-Saal und das Bischofszimmer zu besichtigen. Jüngst wurde im Dachgeschoss die Ausstellung »Konstanz in der NS-Zeit« eröffnet, die anhand einer Fülle von Alltagsgegenständen den Blick auf die Zeit bis

Ulrich Richental
Um 1365–1437, Geistlicher und Schreiber. Als Sohn des vermögenden Konstanzer Stadtschreibers Johannes Richental geboren, genoss er eine sorgfältige Ausbildung und empfing die niederen Weihen. Im Lateinischen wohlbewandert, konnte er im Auftrag des Reichsmarschalls Rolf von Sachsen 1415 nicht nur König Sigismund empfangen, sondern neben der Erfassung aller am Konzil teilnehmenden Adeligen eine eigene Chronik der Konzilsjahre verfassen, die er mit über 100 Miniaturen schmückte.

1945 öffnet. Dabei wird auch das Leben des erfolglosen Hitler-Attentäters **Georg Elser** in Konstanz beleuchtet. Im Anschluss an den Museumsbesuch kann man es sich im Museumscafé in historischem Ambiente oder im malerischen Innenhof gemütlich machen.

Georg Elser
1903–1945, Widerstandskämpfer. Der gelernte Dreher schloss sich früh dem Roten Frontkämpferbund an. Bis 1932 lebte er einige Jahre in Konstanz und arbeitete u. a. in einer Uhrenfabrik. Als entschiedener Gegner des Nationalsozialismus zündete er am 8. November 1939 im Bürgerbräukeller in München eine Bombe, die Hitler töten sollte. Dieser hatte den Ort jedoch bereits verlassen. Auf seiner Flucht wurde Elser bei dem Versuch, die Schweizer Grenze bei Konstanz zu überqueren, verhaftet. Am 9. April 1945 wurde er im KZ Dachau mit Genickschuss ermordet.

31 | Rathaus

In der Kanzleistraße 13/15 befindet sich das Rathaus von Konstanz, von dem aus auch heute noch die Geschicke der Stadt gelenkt werden. Bereits Ende des 14. Jahrhunderts stand hier das Zunfthaus der Leinenweber. 1593 ließ es der Stadtbaumeister Alexander Guldinast zu seiner heutigen Gestalt umbauen. Im Stil der florentinischen Renaissance, mit den zwei Giebeln zur Kanzleistraße und den rundbogigen Fenstern, diente es zunächst als Stadtkanzlei. 1864 wurde die Fassade mit Fresken verziert, die Szenen und Personen der Stadtgeschichte darstellen. Auf den Medaillons über den Fenstern im ersten Stock findet man Porträts u. a. von Ambrosius Blarer, Marie Ellenrieder und Ulrich Zasius. Durch das Gewölbe, an heißen Tagen in wohltuender Kühle, gelangt man in den reizvollen Innenhof. Gleich links kann man

Haus »Zum Thurgau« im Innenhof

Installation »Circus Maximus« im Rathausinnenhof

durch den runden Treppenturm die holzgetäfelte Vorhalle mit Wandbildern von Carl von Häberlin erreichen. Zurück im Innenhof, in dem im Sommer Konzerte und kleine Opernaufführungen stattfinden, erblickt man das querliegende malerische Haus »Zum Thurgau«. Seine bemalte Fassade wird flankiert von zwei runden Treppentürmen. Vom Dach des mittleren Erkers ragen Wasserspeier weit in den Hof hinein. Auch hinter diesem Bau öffnet sich, wenn man den Durchgang passiert hat, ein Innenhof. Rechts geht der Aufgang zum Ratssaal ab. In dieser grünen Oase hielt König Maximilian I. 1507 einen Reichstag ab, der neben dem Konzil eines der wichtigsten historischen Ereignisse der Stadt war.

Seit 2011 hat die kinetische Figur »Circus Maximus« von Karl-Heinz Brasch ihren Platz im Rathausinnenhof gefunden, die sich durch einen Druckknopf in Bewegung setzen lässt. Genaue Beobachter können allerlei Konstanzer Themen erkennen. Unter anderem bilden der See, die Konstanzer Fasnacht und das Rathaus selbst einen Teil des ungewöhnlichen Kunstwerks.

Konstanzer Reichstag
Einberufen wurde der Reichstag von König Maximilian I., weil er befürchtete, dass der französische König Ludwig XII. sich von Papst Julius II. die römisch-deutsche Kaiserkrone verleihen lassen wolle. Auf dem Reichstag, der vom 1. April bis zum 20. Juni 1507 dauerte, berief Maximilian den Kurfürsten Friedrich II. von Sachsen zum Generalstatthalter und holte sich die Unterstützung der gekrönten Häupter für einen Zug nach Rom. Da die Republik Venedig ihm den Durchzug verweigerte, nahm er im Februar 1508 im Dom von Trient mit Genehmigung des Papstes den Titel des Erwählten Römischen Kaisers an.

32 | Blätzlebrunnen

Eigentlich hieß der Blätzleplatz ganz anders, aber nachdem 1968 der Blätzlebrunnen eingeweiht worden war, bürgerte sich zunächst im Volksmund der neue Name ein, bis auch die Stadt mit der offiziellen Umbenennung 1995 reagierte. Der Metallbildhauer Ernst Thomann schuf den Narrenbrunnen mit drei typischen Konstanzer Fasnachtsfiguren: dem Blätzlebuebe (siehe S. 56) mit der Narrenpritsche – einem alten Schlag- und Züchtigungsinstrument, auch Klatsche genannt –, einem kleineren Blätz und dem Hemdglonker, der den Passanten eine lange Nase dreht. Die typische Tracht des Blätz besteht aus einem farbenfrohen Flickengewand, daher kommt auch der Name, der, aus dem Alemannischen stammend, soviel wie Stofflappen, Flicken oder Fetzen bedeutet. Am »Schmotzigen Dunschtig« (Schmutziger Donnerstag) 1968 wurde der Brunnen unter hundertfachen Ho-Narro-Rufen enthüllt, wobei die Regimentsmusik des französischen 129. Motorisierten Infanterieregiments aufspielte und ein Böllerschuss abgegeben wurde.

Haus »Zum Barbarossa«

33 | Obermarkt

Auf dem Obermarkt fanden seit dem 13. Jahrhundert das Blutgericht des Vogts, das bischöfliche Ammangericht und die damit verbundenen Hinrichtungen statt. Linker Hand sieht man das gewaltige »Malhaus«. Es wurde 1293 erstmalig erwähnt und überstand in seinem Kern die Zeitläufte beinahe unverändert; der Erker wurde 1691 angefügt. Über die Herkunft des Namens gibt es zwei Aussagen. Einerseits wird seine Nachbarschaft zur Malstätte auf dem Obermarkt, der öffentlichen Hinrichtungsstätte, für den Namen verantwortlich gemacht, andererseits sein einst reicher Bilderschmuck an der Fassade. Im 19. Jahrhundert vereinigte man das »Malhaus« mit dem Haus »Zum Fischgrat«; die darin befindliche Apotheke existiert seit dem 14. Jahrhundert.

»Malhaus«

Das Haus »Zum Barbarossa« besteht eigentlich aus drei Bürgerhäusern: das älteste, »Zum Kremli« (Kamel), erstmalig 1388 erwähnt, westlich davon »Zum Egli« (ein Flussbarsch oder auch Hecht) und schließlich »Zum grünen Gatter«. Die Besitzer wechselten im Laufe der Jahrhunderte, ebenso die Funktionen der Häuser. 1863 jedoch erhielten die mittlerweile als Gastwirtschaft genutzten rechtsseitigen Gebäude den Namen »Zum

Barbarossa«, weil Kaiser Friedrich I. an diesem Ort 1183 Frieden mit den lombardischen Städten geschlossen hatte – die Inschrift »Curla pacis 1183« bezieht sich darauf. Ein Hotel entstand, zu dem am Beginn des 20. Jahrhunderts auch noch das westlich gelegene Haus »Zum grünen Gatter« hinzukam. Im Haus »Zum Hohen Hafen« an der Kreuzung zur Wessenbergstraße verlieh König Sigismund 1417 an Friedrich VI. von Zollern die erbliche Würde des Markgrafen und Kurfürsten von Brandenburg, ein Vorgang, der um 1900 von Carl von Häberlin farbenprächtig an der Fassade dargestellt wurde.

34 | Hussenstraße

Die belebte Fußgängerzone verbindet den Obermarkt mit dem Schnetztor. Bei einem Bummel passiert man ein geschichtsträchtiges Haus nach dem anderen und kann sich von Jahreszahlen und phantasievollen Häusernamen beeindrucken lassen. Das »Haus zum Blauen Sattel« (Nr. 10) aus dem Jahr 1326, das lange Zeit einem Lindauer Damenstift gehörte, beeindruckt mit seinem Renaissanceportal und dem Erker. Im »Haus zum Delphin« (Nr. 14) war 1415 die Herberge des Gelehrten Hieronymus von Prag, der trotz Warnung seinem Freund **Jan Hus** zum Konzil nach Konstanz gefolgt war, wie dieser verhaftet und 1416 ebenfalls hingerichtet wurde. In der Hausnummer 39, einem alten Patrizierhaus, wurde 1295 oder 1297 der Mystiker Heinrich Suso (siehe S. 15) geboren. Es gibt verschiedene Schreibungen seines Namens, so auch Seuse oder von Berg. Ob er hier wirklich zur Welt kam, ist umstritten, es wird auch Überlingen am Bodensee vermutet. Bereits zu Lebzeiten wurde er als Heiliger verehrt.

Jan Hus
Um 1369–1415, Theologe, Prediger, Gelehrter und Reformator. In Husinec geboren, wurde Hus Prediger in der Bethlehemskapelle in Prag, 1409 Rektor der Karls-Universität. Er predigte in tschechischer Sprache und bezog Stellung gegen den weltlichen Besitz der Kirche und die Habgier des Klerus. Er wurde deshalb exkommuniziert und mit dem Kirchenbann belegt. Auf dem Konstanzer Konzil, auf dem Hus seine Ansichten verteidigen wollte, nahm man ihn gefangen. Hus widerrief nicht. Er wurde am 6. Juli 1415 mit seinen Schriften verbrannt, seine Asche in den Rhein gestreut. Seine Hinrichtung löste die hussitische Bewegung aus. In der Straße Zum Hussenstein, westlich der Altstadt, liegt zum Gedenken an ihn ein großer grauer Findling.

35 | Hus-Haus

Apr.–Sep.: Di–So 11–17 Uhr; Okt.–März bis 16 Uhr, Eintritt frei

Am Ausgang der Hussenstraße, in der Nr. 64, befindet sich eine tschechische Pilgerstätte besonderer Art. Seit 1923 im Besitz der Prager Hus-Gesellschaft, wurde das

Museum 2014 mit einer neuen Dauerausstellung wiedereröffnet. Hier nahm Jan Hus am 3. November 1414 der Überlieferung nach bei der Witwe Frida Pfister Quartier, als er nach Konstanz zum Konzil kam. Am 28. November wurde er trotz der Zusicherung freien Geleits durch König Sigismund als Häretiker verhaftet und in das Dominikanerkloster auf der Insel verbracht.

Die dreisprachige Ausstellung – deutsch, englisch und tschechisch – beleuchtet Leben und Werk von Jan Hus. Neben einem der acht Protestbriefe mit den Siegeln von insgesamt 452 böhmischen und mährischen Adeligen, die gegen die Verurteilung und Hinrichtung von Hus protestierten, kann man eine originale Tür des Dominikanerklosters und die Makette eines mittelalterlichen Streitkolbens betrachten. Besonders sehenswert sind die auf dem Fußboden eingezeichnete Reiseroute von Hus nach Konstanz sowie Karten mit den Stätten seines Wirkens. Zitate der Reden und Briefe von Jan Hus zeigen, dass ein Großteil seiner Gedanken, obwohl nun schon über 600 Jahre alt, zeitlos und auch heute noch relevant ist.

36 | Schnetztor

Konstanzer Blätzlebuebe Zunft Tel. 07531 25 234

Dieses 1381 erbaute Stadttor stellt den Rest der im 19. Jahrhundert abgerissenen Stadtbefestigung dar. Stadtauswärts aus Sandstein gemauert, zum Inneren der Stadt aus Fachwerk mit einem Dachreiter und Glocke gebildet, wurde es 1978 als Baudenkmal von nationaler Bedeutung eingestuft. Im gleichen Jahr wurde auch die Zunftstube der Konstanzer Blätzlebuebe Zunft e. V. eingeweiht, die nach Voranmeldung besichtigt und für Feiern gemietet werden kann. Die Zunft wurde 1933 von dem Konstanzer Ludwig Müller gegründet, um den **Blätzlebuebe** nicht aussterben zu lassen. Ein besonderes Ereignis der Konstanzer Fasnacht ist der »Schmotzige Dunschtig«, in dem vom Rügerecht der Narren Gebrauch gemacht werden darf und die Stadtpolitik aufs Korn genommen wird.

Blätzlebuebe
Neben dem Hemdglonker, der dem Betrachter eine lange Nase macht, stellt die Konstanzer Fasnachtsgestalt des Blätzlebuebe mit seinem Flecklegewand und der Peitsche eine Gestalt aus heidnischen Zeiten dar. In der alemannischen Fasnacht verbirgt sich der Glaube, den Winter und seine dunklen Mächte in einem Frühjahrszauber besiegen zu können. Um dies zu erreichen, muss sich der Mensch göttliche Kräfte aneignen. Mit dem gefiederten Gewand wird er zum Vogel und kann fliegen.

39 | Hotel Halm

Maurischer Saal Di–Sa 18–22 Uhr

Prächtig erhebt sich gegenüber dem Bahnhof das Portal des Hotels Halm. Ab 1874 verschaffte der Hotelier Ferdinand Halm seinen Gästen in 99 Zimmern Behaglichkeit und Luxus. Nicht versäumen sollte man die Besichtigung des Maurischen Saals. Architekt Otto Tafel verwendete hier Elemente der klassischen maurischen Architektur. Allein die Spiegel messen 2 mal 4,5 Meter; sie waren damit seinerzeit die größten in Europa und wurden eigens für das Hotel mit der Eisenbahn aus Russland importiert. Die vorherrschenden Farben sind rot, blau und golden, und die orientalische Ornamentik versetzt den Gast in ein Märchen aus Tausendundeiner Nacht.

40 | Sea Life Konstanz

www.visitsealife.com/konstanz/

Am südlichen Ende des Bahnhofs gelangt man zu einer Fußgängerbrücke, über die man wieder zum Bodensee kommt. Dort erwartet den Besucher mit dem Sea Life ein gigantisches gläsernes Aquarium. Beim Rundgang durch die Aquarienlandschaft, am Ursprung des Rheins beginnend, den Bodensee und die Alpengletscher passierend, kommt man zur Nordsee und gelangt über das Rote Meer zum Amazonas und seinen Regenwäldern und weiter in die mit Pinguinen bevölkerte Antarktis. Außer den echten Wasserbewohnern, deren Fütterungen täglich zu erleben sind, gibt es im Beluga-Dome auch virtuelle Lebewesen zu bestaunen: zwei faszinierende Beluga-Wale, deren lebende Originale, Little Grey und Little White, in den Gewässern vor Island zu Hause sind. Aber das Sea Life ist nicht nur ein unterhaltsamer Spaß für die ganze Familie, sondern auch die erste interaktive Seeschildkröten-Rettungsstation Deutschlands. Besucher können hier eine mit Informationschips ausgestattete nachgebildete Schildkröte retten und gesund pflegen.

Angegliedert an das Sea Life ist das 1969 gegründete Bodensee-Naturmuseum, das über die Entstehungsgeschichte sowie die Tier- und Pflanzenwelt des Bodensees und seiner Umgebung informiert. »Steine im Fluss« heißt ein Ausstellungsschwerpunkt im Außenbereich, der nicht nur den Kreislauf der Gesteine dokumentiert, sondern auch als Spielgelände für Kinder gedacht ist.

Bodensee-Fische

Der wichtigste Fisch des Bodensees ist der Bodenseefelchen (Coregonus wartmanni), auch als Blaufelchen bezeichnet. Er hat ein weißes, festes Fleisch und ist fast grätenfrei. Die Felchen werden in den Monaten Juni bis September angeboten. Eine besondere Delikatesse ist Felchenkaviar. Ein weiterer, in der Region verbreiteter Fisch ist der Bodenseekretzer, der Flußbarsch (Perca fluviatilis), seealemannisch Grätser, in der Schweiz Egli genannt. Der Saibling (Salvelinus), der im Bodensee in zwei Formen vorkommt, einer blassen und einer farbenprächtigen, kann in allen Zubereitungsarten genossen werden.

Konstanz an einem Tag. Ein Stadtrundgang
Herausgegeben von Mark Lehmstedt

Text: Steffi Böttger
Lektorat: Kristina Schulze/Lehmstedt Verlag
Karte: OpenStreetMap-Mitwirkende, geodressing.de
Fotos: Günter Müller, außer: Hajo Dietz/Nürnberg Luftbild (U2), Verlagsarchiv (S. 1–5), MTK/Achim Mende (S. 7), 4FR/iStock (S. 22), imageBROKER/Alamy Stock Photo (S. 24), Henning Feldbaum (S. 31), Fb78/CC BY-SA 3.0 (S. 33), Reiner Elsen/Alamy Stock Photo (S. 57), Steffi Böttger (S. 59, 60), Manuel Martini (S. 61)
Gestaltung: Mareike Bardenhagen/Lehmstedt Verlag
Druck: druckhaus köthen GmbH & Co. KG, Köthen (Anhalt)

Umschlag:
1: Blick über den Hafen zum Konzilgebäude und zum Münster
2: Wessenbergstraße mit Münsterturm
3: Imperia-Statue
4: Hauszeichen Zollernstraße 8 »Zum guten Hirten«

1. Auflage, 2023
ISBN 978-3-95797-153-1